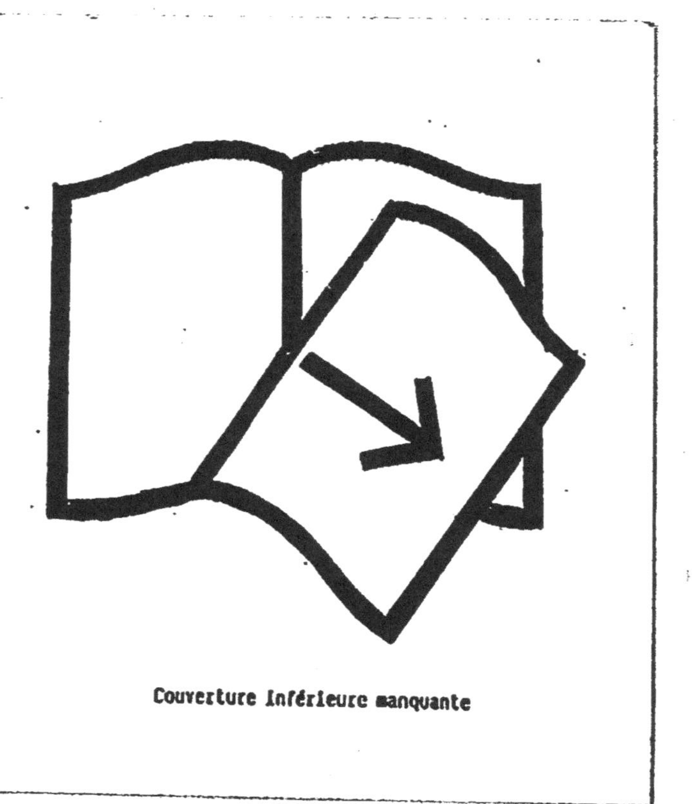

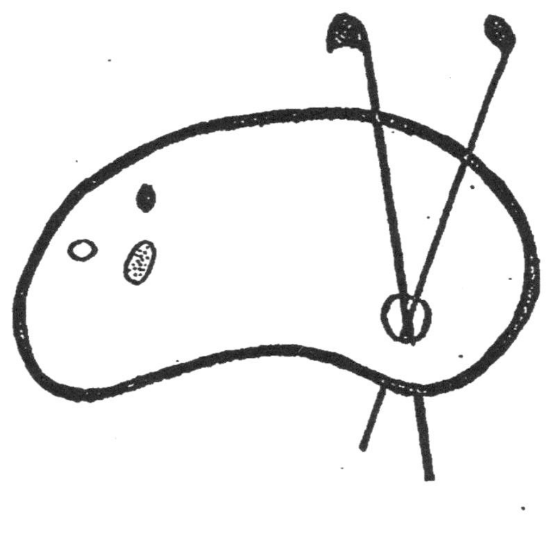

AF561595

VICOMTE DE NOAILLES

LES ANGLAIS EN ÉGYPTE

APERÇU DE LA SITUATION

Prix : 1 franc.

PARIS
CHARLES, LIBRAIRE ÉDITEUR
8, RUE MONSIEUR-LE-PRINCE, 8

1898

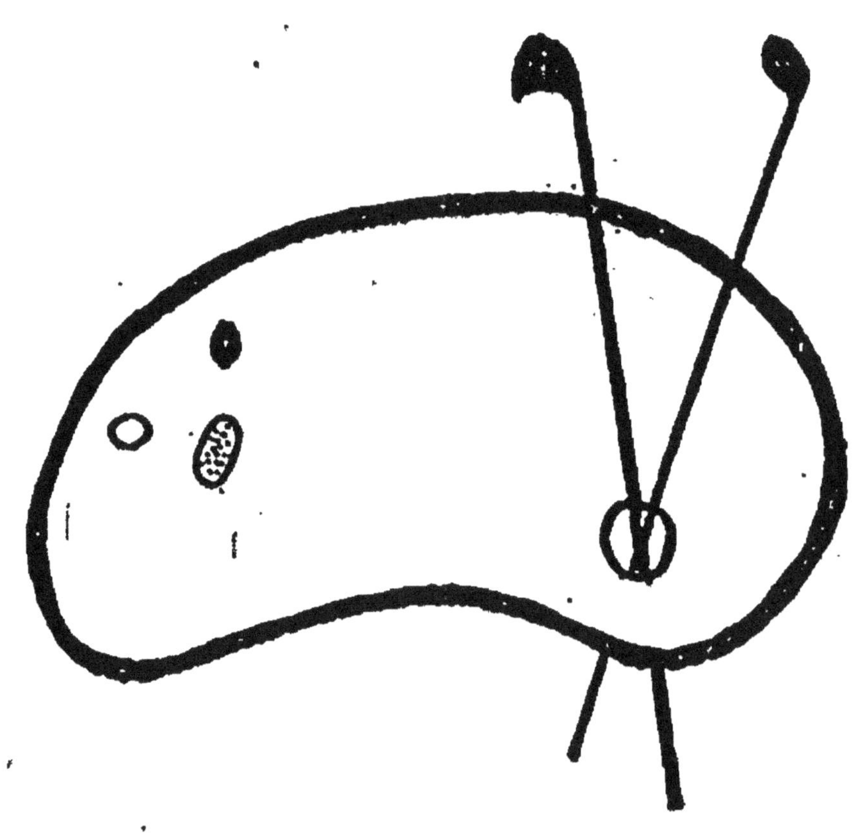

FIN D'UNE SERIE DE DOCUMENTS
EN COULEUR

LES ANGLAIS EN ÉGYPTE

APERÇU DE LA SITUATION

IMPRIMERIE E. FLAMMARION, 26, RUE RACINE, PARIS.

VICOMTE DE NOAILLES

LES ANGLAIS EN ÉGYPTE

APERÇU DE LA SITUATION

PARIS

CHARLES, LIBRAIRE-ÉDITEUR

8, RUE MONSIEUR-LE-PRINCE, 8

1898

LES ANGLAIS EN ÉGYPTE

APERÇU DE LA SITUATION

I

Parmi ceux qui parlent de la question égyptienne, les uns y sont autorisés par les connaissances qui leur viennent d'études personnelles ; les autres sont les interprètes de certaines individualités militantes habitant l'Egypte.

Mais, parfois, ceux qui traitent cette grave question de près comme de loin se laissent influencer par un côté privé ou par un sentiment national, auquel est joint le dépit qui naît de la constatation du fait accompli. Aussi voit-on des gens d'une grande valeur, d'un irréprochable patriotisme et animés des sentiments les plus droits, juger son avenir très différemment.

De loin, il est impossible de se rendre un compte exact de la puissance des Anglais dans le pays; de près, il est triste de constater combien ils s'infiltrent dans toutes les administrations. Malgré le gouvernement khedivial qui les subit avec peine, malgré les protestations platoniques de certains cabinets, ils occupent la place de plus en plus solidement, et ne veulent pas l'abandonner.

Bien que la question d'évacuer l'Egypte ait été agitée souvent et sérieusement, ils continuent à s'immiscer et à diriger. Personne, je pense, n'aura l'idée, les connaissant, qu'ils travaillent ainsi dans l'intérêt du gouvernement égyptien ou de l'humanité et qu'ils acceptent de laisser le terrain libre pour que d'autres profitent d'une situation claire, nette, et d'un fonctionnement régulier. Non, leur pensée est de rester dans un pays superbe, qui leur sert et leur servira probablement de jour en jour davantage pour réaliser le beau plan de pénétration dans l'Afrique centrale.

L'Europe peut parler, se fâcher; ils savent bien qu'elle ne se fâchera pas assez pour leur imposer un départ. Du reste, n'est-elle pas divisée et craintive?

Une nation colonisatrice, accapareuse, sans grands scrupules, comptant peu le labeur et les sacrifices pour arriver à son but, ne travaille que pour elle-même; quand elle s'est ingéniée, pendant seize ans, à surmonter les obstacles et qu'elle occupe militairement et intelligemment un pays, il y a tout lieu de supposer qu'elle ne le quitterait pas sans la résistance la plus énergique. Aussi ne faut-il pas se faire d'illusions, le départ des Anglais ne pourra s'effectuer que sous la pression la plus obstinée des États européens.

Si le rêve, caressé depuis longtemps, du libre parcours à travers l'Afrique, rencontrait un obstacle insurmontable, peut-être alors, l'Egypte perdant de sa valeur, l'Angleterre verrait-elle la nécessité de traiter avec des voisins gênants et même de subir des conditions.

Les promesses faites par le gouvernement de la reine en maintes circonstances ne sont que de vaines paroles. A tort l'on y a cru. Pour qui a étudié de près les causes déterminantes de l'occupation en 1882 et la manière dont elle s'est effectuée, il est logique de supposer qu'un pays n'agit pas ainsi de *plein gré* avec l'idée de se retirer quelques années plus tard et sans avoir réfléchi d'avance aux avantages qu'il pouvait en espérer.

La force des Anglais dans leurs entreprises tient à plusieurs causes :

Leur but est net, et tous les moyens sont employés pour l'atteindre; ils apportent la persistance et l'opiniâtreté, agissant en silence, gardant pour eux leurs projets, de telle sorte que souvent le public ne voit que le fait accompli. De plus (et ce n'est pas sans être d'une grande importance), les agents qu'ils emploient sont toujours soutenus, sinon officiellement (les circonstances le défendent quelquefois), du moins officieusement.

C'est ainsi qu'ils agissent en Egypte, lentement, sûrement, se constituant une base de plus en plus solide dans le Delta, poursuivant sans cesse leur extension vers le sud.

II

Etudions les rouages de l'Etat et l'action des Anglais dans leur fonctionnement.

A l'*intérieur*, le ministre professe hautement des sentiments britanniques. Le sous-secrétaire d'Etat, égyptien, n'est guère qu'un chef de bureau; mais, en revanche, depuis trois ans, il existe un sous-secrétaire anglais, dit *conseiller*, qui est le *vrai ministre*. Il est omnipotent, fait les tournées d'inspection dans les diverses provinces; tout passe par lui.

Lorsque ce poste fut créé, sous le ministère de Nubar-Pacha, il était important d'y mettre, de prime abord, un administrateur capable, et l'heureux choix de lord Cromer se porta sur M. Gorst, homme de grande valeur, alors sous-secrétaire d'Etat aux finances égyptiennes où il jouissait d'une réelle autorité.

On se rappelle l'*incident de frontière* qui marqua les débuts de la carrière politique de Moustapha-Pacha : officier supérieur de l'armée d'Egypte sur le haut Nil, blâmé ainsi que des officiers anglais par le Khédive lui-même pour la tenue des troupes, il fut imposé comme ministre de la guerre par les Anglais en guise de réparation; de là il parvint à l'intérieur et à la présidence depuis la démission de Nubar-Pacha.

Au *conseil* des ministres, le ministre de la Grande-Bretagne est très influent. Quand, par exemple, la marche sur Dongola fut décidée, lord Cromer se contenta d'informer le conseil que l'ordre venait de Londres et devait être exécuté.

Ces faits se passent de commentaires.

Aux *travaux publics*, le sous-secrétaire d'Etat anglais a la direction générale des affaires. Là se trouvent quelques personnalités françaises : le secrétaire général, dépendant du sous-secrétaire d'Etat, et qui, de *tous les Français employés dans une branche quelconque du gouvernement est le plus élevé comme position*; le directeur des immeubles de l'Etat; le chef de la voirie du Caire.

Ce ministère occupe des ingénieurs et employés français et anglais.

Le service important des irrigations est essentiellement britannique. Les questions sanitaires se tranchent, paraît-il, suivant les personnes qui les proposent. On cite, entre autres faits, le projet français d'assainissement des quartiers arabes (s'imposant au nom de l'humanité), qui, depuis vingt ans, dort dans l'oubli, faute d'argent; mais on trouvera les fonds nécessaires pour l'établissement d'immenses réservoirs de conception anglaise, destinés à amener l'eau de la ville et à irriguer certaines contrées. L'impulsion est anglaise dans ce ministère.

Le Ministre de l'*instruction publique* cumule avec les travaux publics et n'est pas, dit-on, absorbé par les difficultés d'une telle administration. Le véritable ministre était, l'an dernier encore, un protégé français, tout dévoué quand même aux intérêts britanniques, mais on a nommé un secrétaire général anglais, auparavant inspecteur général, et qui signe toutes les pièces, l'ordre en ayant été donné aux chefs de bureaux. Tout passe par lui.

Cette création de secrétaire général, faite à la sourdine, assez imprévue, est considérée comme un grand pas en avant au point de vue de l'influence anti-française dans la direction de l'enseignement.

Depuis quelques temps, on constate

beaucoup de progrès en ce qui concerne l'étude de la langue anglaise. Dans les écoles primaires, au nombre de quarante-cinq pour l'Egypte, et dirigées par des Egyptiens, on exige le français ou l'anglais, en outre de l'arabe, qui reste nécessaire pour tous. Jusqu'à ce jour, les élèves se présentaient en bien plus grand nombre pour apprendre le français (quatre cents contre soixante-dix), mais actuellement, à l'arrivée des élèves, quelques directeurs d'écoles eux-mêmes engagent les parents, à leur faire suivre le cours anglais de préférence, faisant ressortir les avantages qu'ils y trouveront.

Ces gens adroits sentent d'où vient le vent et commencent à s'orienter.

Le nouveau secrétaire général a désormais entre les mains toutes les branches de l'enseignement et les directeurs scolaires dépendront forcément de lui. Par suite, on craint que bientôt la langue anglaise ne devienne obligatoire pour les examens du baccalauréat. Des gens éclairés et adonnés à l'enseignement en ont la conviction intime, basée sur de sérieux indices. Le projet, m'a-t-on certifié, est à l'étude ; ce serait désastreux au point de vue français. Il est probable cependant que l'on agira sans rien brusquer dans le changement poursuivi. Il n'existe que deux écoles gouvernementales d'enseignement secondaire au Caire, et une troisième à Alexandrie. A celles du Caire, dirigées l'une par un Français, l'autre par un Anglais, sont adjointes deux écoles normales. Les élèves de ces dernières se recrutent très difficilement. Cinquante francs par mois sont donnés àcelui qui assiste aux cours ; cessez de payer, vous n'aurez peut-être plus d'élèves. Les écoles ont deux sections, française et anglaise ; pour l'enseignement français, l'école anglaise prend des Suisses. Chacune d'elles ne compte pas plus de *huit* à *dix* élèves ; le but de tout jeune homme ayant fait ses études est d'avoir une place au gouvernement. Personne ne veut se consacrer à l'enseignement, aussi doit-on recruter les professeurs en France et en Angleterre.

Tous, élèves et professeurs, sont payés sur les fonds égyptiens.

Un fait à retenir, c'est l'opiniâtreté du ministère à conserver à l'école française une section anglaise, bien que celle-ci ne possède pas *un quart* des élèves.

On voit par ce qui précède que l'infiltration anglaise tend à augmenter dans l'instruction publique ; mais avant de terminer l'exposé rapide concernant cette branche, j'ajouterai le fait suivant, dont le lecteur pourra lui-même tirer une déduction.

Au Caire, des religieux, dont l'abnégation égale le savoir, dirigent une école française très florissante, où se font de brillantes études et qui dépend uniquement de notre consulat. L'an dernier, cependant, le gouvernement britannique leur fit proposer une subvention annuelle considérable s'ils acceptaient le contrôle d'un inspecteur anglais. On devine ce que répondit le respectable supérieur, homme d'un patriotisme éclairé, qui travaille sans relâche à faire aimer notre pays.

A côté du Ministre de la *justice* se tient un Anglais M. Scott, qui est innipotent sur les tribunaux indigènes.

Il est nécessaire ici, pour l'intelligence de la question, de dire quelques mots des tribunaux existant en Egypte.

Les *Mékhémés Charieh*, à la tête desquels sont les cadis ou juges, existent dans tous les villages et dépendent du grand cadi, résidant au Caire.

Ces tribunaux n'ont de juridiction que sur les musulmans et s'occupent des questions mariages, successions, divorces, in-

terdictions, minorités, cas religieux. Le moufti, interprétateur du Coran auprès du cadi, donne son avis.

Depuis 1889, il existe pour les indigènes un état civil; les déclarations doivent se faire dans les trois mois.

Aucune action ne se fait sentir sur les Mékhémés, que le fanatisme musulman guide seul; mais leur importance tend à passer aux tribunaux indigènes.

Les *Patriarcats*, qui ont leur siège à Alexandrie et au Caire, ont les mêmes pouvoirs que les cadis, mais sur les chrétiens seuls, sujets locaux.

Les *Tribunaux consulaires* (17 consulats, 17 tribunaux) rendent la justice chacun entre leurs nationaux respectifs. Pour les questions immobilières, on va devant les tribunaux mixtes.

Le *Meglis el-Hasbi*, tribunal des mineurs et des tutelles, etc., supprimé l'an dernier, est remplacé par un *conseil de famille*, présidé par le Mamour el-Markas, qui correspond au sous-préfet.

Le *Bet el-Man*, qui dépendait du précédent et avait pour mission d'administrer les biens des mineurs, a disparu en même temps.

Les *Tribunaux mixtes, institués en* 1876 jugent en matière civile et commerciale entre parties de diverses nationalités. Dans chaque tribunal se trouvent un délégué de chaque puissance et quelques magistrats indigènes.

Ils siègent à *Alexandrie*, au *Caire* et à *Mansourah*. De plus, Alexandrie possède une cour d'appel. Les présidents sont tous nommés à l'élection parmi leurs collègues.

Ces tribunaux s'administrent seuls, en dehors de toute ingérence du gouvernement; c'est aussi en dehors de lui et sans contrôle qu'ils nomment leur personnel. Ils sont absolument indépendants et se considèrent comme l'unique rempart contre l'absorption totale des Anglais en Egypte. Ceux-ci les voient donc d'un assez mauvais œil.

Les *Tribunaux indigènes, institués en* 1883, de création anglaise, jugent toutes les contestations entre indigènes. Ils ont la compétence pénale absolue : cour d'appel, tribunaux de 1re instance, juges de paix. Avant l'invasion le projet de création existait et le code — français — était achevé. Au début, on ne cherchait pas à les influencer; composés de magistrats dépourvus d'instruction professionnelle, ils fonctionnaient mal. Des juges belges et anglais y furent introduits vers 1887, et plus tard M. Scott, appelé des Indes comme conseiller judiciaire au Ministère de la justice en fut spécialement chargé.

Il a créé un comité de contrôle avec des inspecteurs pour surveiller la marche quotidienne des affaires et exercer une pression vigoureuse sur les magistrats hétérogènes musulmans, coptes, anglais et belges.

Les conseillers sont inamovibles en principe, mais on trouve moyen de les forcer à démissionner soit par des vexations soit par des déplacements inacceptables.

Primitivement, il y avait dans chaque chambre de la cour d'appel deux indigènes et un Européen, en fait de conseillers. Maintenant on y voit deux Européens et un indigène depuis l'affaire suivante : le cas du journaliste El Moayad, qui incriminé pour publication d'un papier confidentiel, passa devant les tribunaux et fut acquitté. — Grand mécontentement du ministre anglais. — Le moyen que pareille chose ne se renouvelle pas était simple : le remplacement d'un conseiller indigène par une créature dévouée à l'Angleterre. Remarquons que les tribunaux indigènes seuls obéissent à la pression anglaise.

Outre le Ministre des *finances*, qui est égyptien, il existe un sous-secrétaire d'État anglais et un conseiller financier également anglais, depuis longtemps attaché au ministère, homme très influent et d'une compétence reconnue telle que souvent il est appelé en conseil des ministres et consulté.

Il ne manque pas d'intérêt de constater ici que, *lors de l'occupation anglaise, l'ordre existait dans les finances égyptiennes, et que la situation financière était claire et nette.*

A la fin de 1881, les finances de l'Egypte se trouvaient dans un état normal, grâce à la commission d'enquête et de liquidation qui opérait depuis avril 1880. L'état de la dette était établi, et tout avait été prévu pour régler le service des intérêts et des amortissements dans la limite du possible. Le contrôle général et la commission de la caisse de la dette publique pouvaient fonctionner avec régularité; l'administration égyptienne prêtait son concours entier.

Voici d'après un compte rendu officiel, au point de vue de la dette publique et de l'intérêt des créanciers étrangers de l'Etat égyptien, la situation générale en 1882.

Dette unifiée	56.720.420	liv. st.
— privilégiée	22.466.800	—
— de la Daïrah	9.009.280	—
Emprunt domanial	8.251.820	—
Total de la dette au 31 décembre 1882.	96.457.320	liv. st.

Dans un travail très intéressant, exécuté, documents en mains et preuves à l'appui, par un homme aussi français de cœur que de nationalité, doué d'une force prodigieuse de travail, M. Gavillot, je trouve les renseignements suivants :

Etat de la dette au 31 décembre 1894 :

Dette unifiée	55.974.820	liv. st.
— privilégiée	29.393.580	—
— Daïrah Sanieh	6.644.360	—
— domaniale	3.995.560	—
Total de la dette	96.008.320	—

Si l'on considère que la dette publique égyptienne a été augmentée du montant de l'emprunt garanti, et en y ajoutant les ressources extraordinaires produites depuis 1883 et dilapidées, l'on peut suivre M. Gavillot dans sa conclusion qui est celle-ci :

« L'occupation anglaise a soustrait à l'Egypte et par conséquent au gage de ses créanciers de 1883 à 1894, une somme de 525.000.000 de francs. »

Et il ajoute plus loin :

« Les emprunts contractés pour racheter des pensions et des allocations, les ventes de terres domaniales et Daïrah effectuées dans le même but auraient dû diminuer la charge des budgets annuels. Au lieu de cela, les pensions, qui se montaient en 1882 à 255.798 livres égyptiennes, sont portées au budget de 1896 pour 430.000 L. E.

« La sécurité publique qui coûtait en moyenne 360.000 L. E. de 1879 à 1881, alors que l'Egypte avait une armée et une marine, figure au budget de 1896 pour 396.483 L. E., maintenant qu'il n'y a plus de marine et qu'il n'existe qu'un embryon d'armée, mais *surencadrée* par des cadets britanniques.

« Que dire du ministère des travaux publics dont, avant 1883, il était pourvu à tous les services par une somme moyenne de 445.000 L. E. au maximum, et qui figure au budget de 1895 pour 775.659 L. E. et au budget de 1896 pour 736.789 L. E., malgré les 2 millions de livres dépensées depuis 1885 en plus et en dehors du budget?

« Ces contestations suffisent à démontrer que les pertes subies par l'Egypte du fait de l'occupation et de l'administration anglaises sont irrémédiables, inexcusables et qu'elles continuent et continueront tant que la situation actuelle de l'Egypte sera maintenue. »

De 1883 à 1894, l'état des ressources *extraordinaires* mises à la disposition des Anglais, en plus des recettes normales, s'élève à 38.650.674 L. E.

Nos voisins de la Grande-Bretagne, en gens essentiellement pratiques, ne demandent pas mieux que d'employer leur temps et leur expérience pour le nouveau pays d'occupation, mais il est de bonne guerre et logique de se payer de leur peine en accaparant et utilisant les finances de manière à faire bien les choses sans rien coûter à la mère-patrie.

Qu'est-ce que coûte l'*armée d'occupation* à l'Egypte?

En 1886, sir Edgard Vincent, conseiller

financier, évaluait à 97.500 L. E. la dépense de ce chef; le comité financier à 195.000 L. E.

D'autre part, les comptes généraux du gouvernement égyptien attestent :

Pour 1886 une dépense de 195.000 L. E. (donnant raison au comité financier).

Pour 1887, une dépense de 195.000 »

Pour 1888, » 116.074 »

Le comité financier en 1887 estime qu'à l'avenir la somme de 97.500 L. E. ne devra pas être dépassée, l'armée d'occupation étant considérablement réduite. Ce qui n'empêche pas qu'en 1888 les dépenses sont en excédent de 19.074 L. E. sur les chiffres prévus. Aussi le comité financier ne craint pas de déclarer :

« Que, dans la préparation de son budget, le département de la guerre ne s'est pas inspiré d'un véritable esprit d'économie, et que l'on voit du premier coup d'œil, en ce qui concerne l'administration centrale que les dépenses sont hors de toute proportion avec la force numérique de l'armée. »

A la suite d'arrangements faits en 1883 entre les gouvernements britannique et égyptien, il fut convenu que le trésor égyptien n'aurait à rembourser pour le corps d'occupation que la différence par tête entre le coût du soldat en Angleterre et les dépenses nécessitées par lui en Egypte. — C'était juste.

Or, à combien fut calculée cette différence ou *capitation* du troupier en Egypte?

Au chiffre énorme de 1.112 francs, qu'il fallut payer naturellement désormais.

L'armée d'occupation, de 1883 compris à 1894 inclus, a coûté annuellement, en moyenne, 183.624 L. E., sans compter les dépenses du Soudan, qui, de 1885 à 1891, se sont élevées à 1.533.425 L. E.

On dépasse sans le moindre scrupule le

chiffre des dépenses *prévues annuellement aux budgets primitifs* du gouvernement égyptien pour l'*armée d'occupation*. Les documents sont là pour le prouver.

On peut donc conclure que l'Egypte n'a jamais été une charge au royaume britannique, pécuniairement parlant, et que les finances sont absolument entre les mains des Anglais.

Que dire actuellement! Les millions s'engloutissent depuis le début de l'expéditions de Dongola! L'Egypte, qui travaille uniquement pour l'Angleterre, parant aux frais de l'armée conquérante et des territoires occupés au nom du Khédive, semble marcher à grands pas vers sa ruine.

L'armée se composait dernièrement encore de troupes d'occupation sous les ordres d'un général anglais et de troupes anglo-égyptiennes, commandées également par un Anglais, le général Kitchner, appelé le Sirdar.

Cette armée d'occupation, forte de 4.000 hommes, était répartie entre le Caire et Alexandrie, formant 3 bataillons d'infanterie d'un peu plus de 1.000 hommes chacun, un régiment de cavalerie à 4 escadrons de 95 hommes, deux batteries d'artillerie de 6 pièces (l'une de montagne, l'autre à cheval), puis les services divers, génie, etc...

Les forces militaires, entre Assouan et Méraui, toutes égyptiennes, se composaient ainsi au *moment de la récente expédition* :

18 bataillons d'infanterie;

2 escadrons de cavalerie;

5 batteries d'artillerie de 6 pièces chacune réparties entre Dongola et Méraui.

(4 de canons de campagne et 1 de canons démontables.)

NOTE DE L'AUTEUR. — Le canon démontable comporte : 6 mulets porteurs; 15 servants et sous-officiers, 1 chef de pièce, total : 16 hommes.

La manœuvre se fait rapidement. Voici les résultats

De sérieux renforts sont arrivés d'Angleterre et d'ailleurs pour agir d'un commun accord avec l'armée Khédiviale au Soudan.

Les troupes de la Haute Egypte ont atteint, l'an dernier, Méraui, sur le Nil, à 160 milles au-delà de Dongola. Situé à la limite des régions fertilisables, ce point stratégique, qu'il était nécessaire d'occuper en même temps que Dongola, servait de poste avancé à l'entrée du désert.

L'été 1897 devait voir les avant-postes repoussés à 140 milles de Méraui, soit à 300 milles de Dongola; mais les prévisions ont été considérablement dépassées. Cette marche lente et progressive, subitement, ne répondait plus au but à atteindre. Dépassant Abou-Hamed, la percée s'opéra jusqu'à Berber; Kassala devint possession

constatés, montre en main : démonter les mulets, monter le canon, 70 secondes; tirer trois coups, 30 secondes; démonter le canon, remonter les mulets, 80 secondes. Total : 180 secondes = 3 minutes.

égyptienne pour ne pas dire anglaise, et le cabinet de Saint-James ne cache plus sa volonté la plus arrêtée de parvenir dans un bref délai à Khartoum. L'échec inattendu de la mission Mac Donald et la marche rapide que nos intrépides compatriotes opèrent de l'Ougandi vers le Nil en sont la véritable cause.

Les Anglais percevaient déjà le jour où, domptant les difficultés provenant de la résistance étrangère et des obstacles inhérents aux peuplades du centre, à la rigueur du climat et à la configuration du pays, mus par une incroyable obstination dans leurs idées, soutenus par l'espoir de succès, ils parviendraient à tracer la grande route Dongola-Khartoum-Victoria Nyansa-Le Câp, prouvant ainsi au monde étonné que rien n'est impossible à la volonté persévérante. Il leur est permis d'en douter aujourd'hui.

Le chemin de fer, ce complément forcé

de la civilisation, était, l'an dernier, en pleine exploitation du Caire à Nag Hamadi, sur le moyen Nil (seize heures de trajet en express).

A partir de cette localité et dans les régions brûlantes du Haut Nil, les communications ne sont pas commodes. Quand le fleuve possède assez d'eau, elles se font par bateau; encore le passage de la deuxième cataracte sur la longueur de 100 milles (impossible sauf à l'époque des grandes crues) est-il toujours dangereux. Les chameaux, chevaux et mulets complètent où remplacent les transports faits par navigation.

On peut donc se rendre compte des inconvénients qui existent dans un pays dénué de ressources, peuplé de tribus hostiles, où l'on ne possède que la vallée du Nil pour se relier à une base d'opération dont il faut tout attendre. Il est indispensable que ravitaillements, renforts, courriers puissent arriver dans ces contrées lointaines aussi vite que faire se peut, sous peine de voir l'expédition, à mesures qu'elle marche vers le sud, dans une situation de plus en plus aléatoire pour ne pas dire précaire. C'est ce que le gouvernement de la reine a compris. Aussi, depuis plusieurs mois, travaillait-on sans relâche au chemin de fer qui met actuellement le Caire en communication directe et rapide avec Assouan par le cours du Nil.

Des officiers du génie anglais traçaient en même temps la voie ferrée Assouan-Dongola, et les événements récents ont montré la nécessité d'en pousser la construction sur Abou-Hamed et Berber, pour continuer de la sorte à mesure que l'expédition anglo-égyptienne aura frayé le passage.

Une autre ligne, à l'étude, permettra vraisemblablement de se passer du canal de Suez, si quelqu'éventualité, peu probable, en fermait momentanément le passage aux Anglais. S'embranchant à Keneh, dans la Haute Égypte, à la ligne nouvelle, elle se dirigerait au Sud-Est pour atteindre le golfe de Bérénice.

Un excellent port naturel s'y organiserait à peu de frais. Disons en passant que le projet ancien, actuellement modifié, dut le jour, avant l'occupation, à un ingénieur en chef français encore habitant du Caire, et jouissant d'une réputation professionnelle bien méritée.

Alexandrie se trouverait de cette manière en communication directe avec la Mer Rouge où les transports des Indes rempliraient leur office.

La cavalerie anglaise s'est remontée jusqu'à présent en chevaux tunisiens et syriens, très résistants dans ces pays-là, mais dont le recrutement devient difficile, plusieurs puissances achetant aussi les leurs en Syrie. Pour y remédier, le commandement a créé en Egypte deux haras qui seront probablement d'une grande utilité d'ici quelques années.

On a essayé de donner à la cavalerie des chevaux australiens et hongrois. Dans le but d'étudier leur degré comparatif de résistance il a été fait, en 1897, une expérience très intéressante avec deux escadrons composés en parties égales d'Arabes, Hongrois et Australiens. Ils sont partis du Caire pour Suez, marchant constamment dans le désert.

Le trajet d'aller et retour, d'une durée de quatre jours, et pendant lequel on a parcouru 205 milles, soit 330 kilomètres, a présenté de grandes difficultés pour nourrir et faire boire les chevaux, qui ont dû subir des privations considérables. En rentrant au Caire, les Hongrois étaient épuisés, les Australiens avaient supporté médiocrement la fatigue, les Arabes étaient en très bon état et fringants, au dire des officiers.

L'attitude des militaires anglais en Egypte est celle que l'on peut avoir dans un pays conquis; la chose en est frappante à tous les degrés de la hiérarchie.

Il faut voir ces beaux détachements, traversant les plus élégants quartiers de la capitale, musique en tête, comme ils feraient dans les rues de Londres. Il faut assister à ces courses brillantes où l'officier anglais et sa famille donnent le ton et l'animation, et à ces fêtes militaires où toute une plaine avoisinant le Caire est envahie par les habits rouges.

Voyons, par exemple, à Gezireh, un carrousel militaire organisé sous les auspices du major-général commandant les forces britanniques en Egypte.

L'infanterie, la cavalerie, l'artillerie paradent chacune à leur tour devant les tribunes fort élégamment occupées et deux musiques alternent, de manière à ne laisser aucun repos aux oreilles.

La fête se termine par l'attaque d'un camp anglais au Soudan. Les Soudanais vainqueurs font mille fantasias, mais bientôt de toutes parts l'on entend des coups de fusil et de canon. Au milieu du vacarme, les fantassins anglais, aidés par la cavalerie débouchant de divers points, se rendent maîtres du terrain. A perte de vue l'on ne voit que des uniformes anglais et *la fête a lieu sans le concours ni la présence des Egyptiens*.

L'emplacement des troupes anglaises au Caire est aussi à considérer. Un beau quartier, dont on a fait sortir les troupes indigènes, sur les bords du Nil, et, à l'opposé de la ville, la citadelle, d'où l'on commande toute la plaine.

On m'a affirmé que le khédive, nouvellement monté sur le trône, exprimait le désir d'habiter la citadelle. « Oui, lui fut-il répondu par l'autorité anglaise, mais quand nous aurons construit un autre quartier sur le Mokatam » — montagne qui domine la citadelle. — Le khédive n'insista pas.

Si ce fait n'est pas exact, il ne pourrait être mieux inventé pour dépeindre la situation qui se résume de part et d'autre par ces deux mots : ici, commander; là, subir.

Les officiers anglais encadrent les officiers égyptiens dans les états-majors, bataillons, escadrons et batteries.

Les bataillons, de 800 hommes environ chacun, sont commandés les uns par des majors ou capitaines anglais, les autres par des majors ou capitaines égyptiens. Pour éviter que les officiers de l'armée britannique ne soient sous les ordres de supérieurs indigènes, on donne aux majors et capitaines anglais, commandants de bataillon, le rang de *colonel* et aux autres, lieutenants et capitaines, celui de *major* avec le pas sur les officiers égyptiens de même grade, quelle que soit leur ancienneté. Dans le cas exceptionnel où l'officier anglais doit marcher avec un Egyptien supérieur en grade, il doit obéir, mais le commandant indigène fait attention de le traiter avec déférence sous peine d'avoir à s'en repentir.

Il ne faut pas oublier que le chef des troupes appartient à l'armée de la Grande-Bretagne. Le ministre de la guerre s'occupe des questions d'organisation, de comptabilité et d'administration. — Cela suffit.

Le recrutement des troupes khédiviales est à peu près régularisé actuellement, mais est loin cependant de fonctionner à souhait. C'est le régime mitigé du service obligatoire. Celui qui veut se dispenser de porter les armes doit se racheter moyennant environ 500 francs. La défectuosité du recrutement provient surtout de la difficulté de la constation de l'état civil. Aussi les cheiks des villages ont-ils une sérieuse responsabilité à ce sujet. Ils présentent les jeunes gens ayant l'âge prescrit à des conseils de revision parcourant l'Egypte (ce système fonctionne depuis 1896). A l'époque de l'incorporation, les futurs recrues, concentrées en un point, sont livrées à l'autorité militaire, et emmenées avec une solide escorte.

Munies de cadres anglais, les troupes égyptiennes sont bonnes. On peut dire que l'armée khédiviale est transformée du tout au tout par la présence de l'élément étranger, qui a su la doter de qualités nécessaires aux armées régulières.

III

Indépendamment de l'impulsion générale que nous avons constatée, la présence d'une armée d'occupation dans le Delta et le fait de l'organisation militaire du Haut Nil, qui se traduit par un état de siège rigoureux d'Assouan vers le sud, suffiraient pour donner à l'élément anglais une supériorité écrasante sur les autres nations européennes. Celui qui possède la force, n'aurait-il pas le droit, peut se considérer comme le maître, surtout lorsqu'il a le bon sens de joindre la modération à la force.

Or cette suprématie britannique, d'origine toute militaire, s'accroît d'une influence douce, provenant des écoles et de la propagande. Les écoles se fondent partout et leur fréquentation augmente de jour en jour, vu l'avantage que les indigènes trouvent à l'étude de la langue anglaise, indispensable dans leurs rapports journaliers avec les habitants européens du pays et les nombreux touristes.

Le français se parle beaucoup dans le Delta où nos écoles sont prospères et constituent la seule arme nous permettant de soutenir une lutte inégale. Elles sont tenues par les jésuites, les frères de la Doctrine chrétienne, les missions africaines de Lyon, les franciscains et d'autres ordres encore, et comptent, l'une dans l'autre, près de 12.000 élèves, garçons et filles, d'environ quinze nationalités différentes. Mais à mesure que l'on s'éloigne du Caire vers le sud, l'anglais est de plus en plus en honneur. Dans la Moyenne et la Haute Egypte, les institutions religieuses étant sous le protectorat autrichien, à peine trouve-t-on quelques indigènes connaissant notre langue, ignorée totalement au sud d'Assouan.

La propagande protestante, qui signifie antifrançaise, s'exerce activement sur le Haut Nil. La source du prosélytisme se trouve à Assiout, où fonctionne une école normale américaine de garçons et de filles, nouvellement fondée. Elle forme des instituteurs et institutrices *prédicants*, bien rétribués, destinés à la province d'Assiout et au-delà, et dont l'influence commence à se faire manifestement sentir.

Les choses paraissant d'une importance secondaire ont souvent des résultats notables ; j'estime que Cook, avec ses bateaux-poste et de touristes qui remontent le Nil jusqu'à la deuxième cataracte, contribue aussi dans une large mesure, tout naturellement et sans effort, au prestige de la mère-patrie.

Il facilite l'accès de régions lointaines et emploie un grand nombre d'agents, sous-agents, individus de toute sorte dans chaque endroit présentant une curiosité quelconque. Les indigènes, plus ou moins directement en contact avec ce roi du Nil, comprennent l'intérêt qu'il y a pour eux à se faire entendre des touristes, qui presque tous parlent anglais. En conséquence ils l'apprennent. L'anglomanie est poussée à un tel point sur le haut Nil que l'organisation et le personnel de certains hôtels font ignorer aux voyageurs que la *direction en est française.* Les livres sterling et égyptiennes ont seules un cours officiel; la richesse de la métropole britannique éclate donc seule à tous les yeux.

De là il ressort, dans ces régions, au profit de l'Angleterre, une idée de grandeur, de puissance et de richesse, personnifiée dans l'élément et l'or anglais. Les Français qui atteignent Assouan chaque année n'entrent que pour les *deux centièmes* dans le nombre des voyageurs. Toute concurrence y devient évidemment impossible.

IV

Serait-il avantageux pour l'Egypte que l'occupation anglaise vient à cesser ? Pourrait-elle se gouverner elle-même? La sûreté resterait-elle complète dans le Delta et le Haut Nil?

Telles sont les questions à l'ordre du jour en Egypte.

Les francophiles estiment naturellement que rien n'est plus préjudiciable aux intérêts publics que la présence de nos voisins d'Outre-Manche. S'ils disparaissaient, la sûreté continuerait d'exister, bien qu'une forte réaction contre eux soit possible. Le peuple respirerait librement. Le gouvernement aurait cependant besoin de conseils européens, car on ne lui reconnaît pas, à tort ou à raison, la possibilité d'exercer le pouvoir sans une certaine tutelle.

Les anglophiles admettent aussi l'impossibilité dans laquelle se trouverait le gouvernement khédivial d'exercer seul le pouvoir, mais ils diffèrent de l'opinion précédente en ce qu'ils estiment l'occupation indispensable au maintien de l'ordre et au progrès du pays.

Lors d'un départ, il est certain qu'une forte détente se produirait naturellement. L'Egyptien secouerait volontiers le joug qui le comprime; libre jadis, il vit sous un régime sévère pour lui, et craint l'Anglais sans l'aimer.

Une partie de ce peuple, sans besoin, sans commerce, n'attend rien de l'occupation et ne cherche que la vie conforme à ses goûts, en dehors de tout contrôle. Une autre partie profite de l'état de choses, y trouvant un intérêt mercantile et pécunier, et sait qu'elle perdrait à une évacuation. Il en serait, du reste, ainsi, quelle que soit la nationalité de l'occupant.

Mais, là-bas, sur la terre des Pharaons, nous avons des nationaux qui s'ingénient pour maintenir le prestige de notre patrie. L'admirable ténacité qu'ils montrent dans une lutte devenant de jour en jour plus inégale n'aura-t-elle pas de résultat?

En 1882, nous manquions l'occasion de rentrer en Egypte, pleine de souvenirs français de la Méditerranée aux cataractes, où le ciseau du sculpteur Castex a gravé sur un mur du vieux temple de Philoé la date du passage de notre armée en 1799, chefs.

sa composition et le nom de ses illustres

La France a toujours travaillé pour

l'honneur sans cet esprit pratique, terre à terre peut-être, qui, s'il ne jette pas un grand éclat, donne en revanche de plus solides avantages.

Une race guerrière comme la nôtre se laisse aisément éblouir par la gloire ; mais, au point de vue matériel, la voisine qui calcule, agit en silence et marche d'un pas sûr vers le but déterminé, se trouve dans des conditions plus favorables.

L'une dépense spontanément ressources et vitalité ; l'autre, moins chevaleresque, est plus positive. En donnant libre cours à l'esprit belliqueux qui l'anime, la première néglige parfois le commerce et l'industrie, sources de richesse et de force ; plus sage, la seconde fait la guerre inévitable et ne se lance qu'à bon escient dans les aventures.

La France semble avoir été destinée de tout temps à ne tirer aucun profit de ses conquêtes. Elle passe, laissant un souvenir vivace et des regrets, tandis que d'autres, moins sympathiques aux populations, demeurent et s'enracinent.

IMPRIMERIE E. FLAMMARION, 26, RUE RACINE, PARIS.

www.ingramcontent.com/pod-product-compliance
Lightning Source LLC
LaVergne TN
LVHW010059230826
846091LV00005B/2013

* 9 7 8 2 0 1 3 3 7 2 0 5 3 *